KB122617

지금, 이 순간
잠깐 멈춰 서서 주위를 둘러보세요.
그리고 자신에게 주어진
감사한 일들을 떠올려보세요.

그와 동시에
자신을 괴롭히던
불안, 두려움, 분노가 사라지고
보다 즐겁고 행복한 상태로
이동하게 될 것입니다.

자꾸 화내는 습관에서 벗어나고 싶다면,
하루를 마감하면서 그날 일을 돌아보고 일기를 써라.
그리고 화내지 않은 날들을 세어보라.
'이전에는 별것도 아닌 일에 매일같이 화를 냈는데
시간이 지남에 따라 이틀에 한 번, 사흘에 한 번,
그 다음엔 나흘에 한 번 화를 내게 되었다'라는 식으로 기록하라.
그리하여 만일 한 달 동안 화내지 않게 된다면
그땐 신에게 감사하라.

– 에픽테토스, 고대 철학자

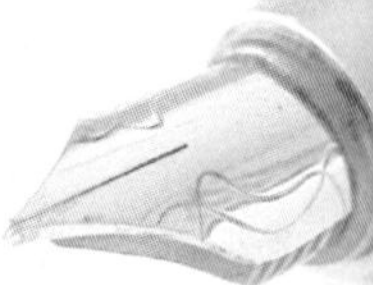

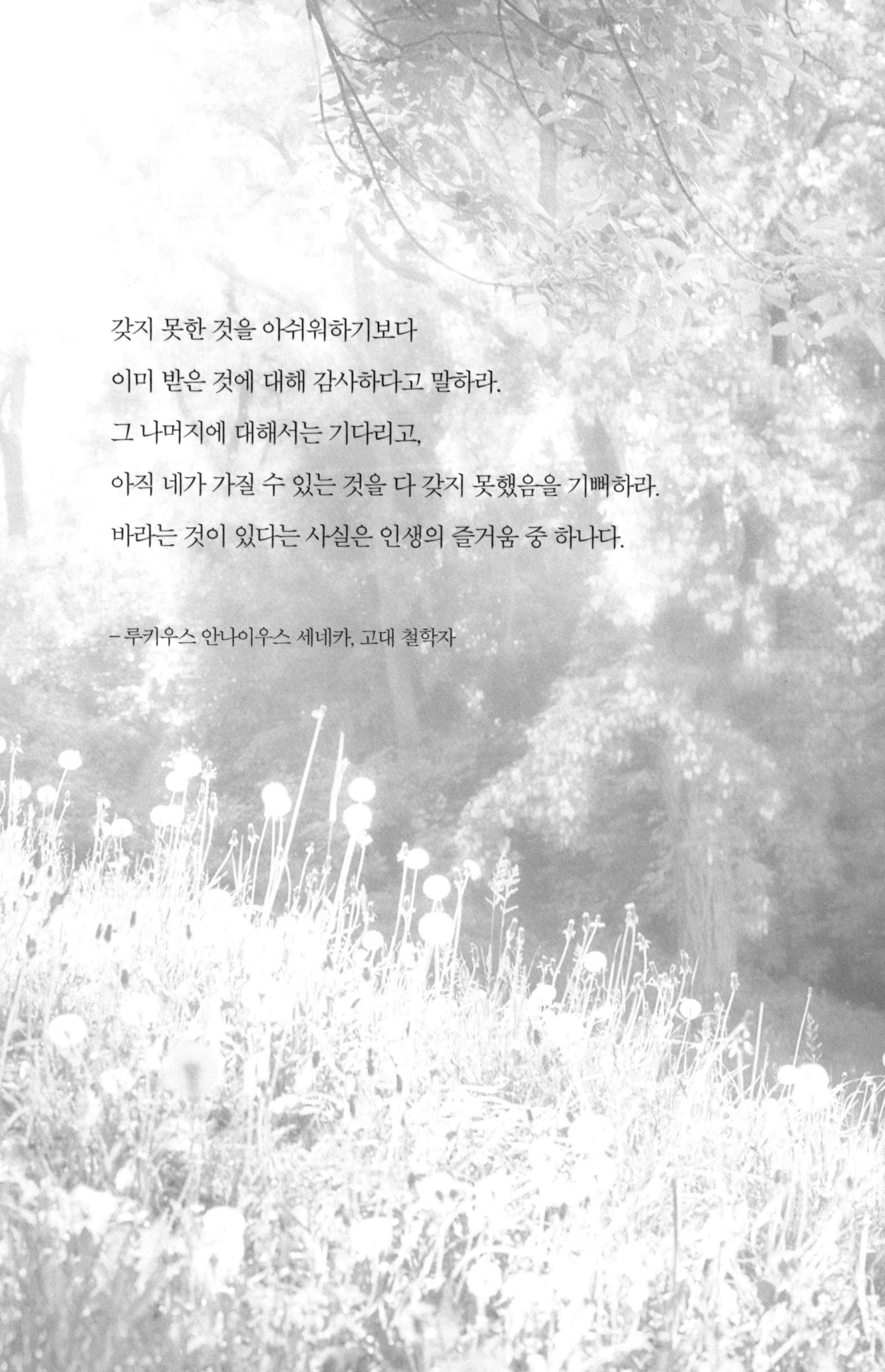

갖지 못한 것을 아쉬워하기보다
이미 받은 것에 대해 감사하다고 말하라.
그 나머지에 대해서는 기다리고,
아직 네가 가질 수 있는 것을 다 갖지 못했음을 기뻐하라.
바라는 것이 있다는 사실은 인생의 즐거움 중 하나다.

– 루키우스 안나이우스 세네카, 고대 철학자

매일 아침 일어나 좋든 싫든 무엇이든

한 가지쯤은 할 일이 있다는 사실에 고마워하라.

어떤 어려움이 있더라도

일에 전념하고 오직 최선을 다한다면,

머지않아 게으른 사람은 상상도 할 수 없는

여러 가지 미덕을 갖추게 될 것이다.

– 찰스 킹즐리, 영국 빅토리아 시대의 작가이자 역사가

병들어 누워서야 비로소 건강의 고마움을 알고,
난세가 되어서야 비로소 평화의 고마움을 안다면
현명하다고 할 수 없다.
건강할 때 건강의 고마움을 모르는 것은 불행한 일이며,
평안할 때 평화의 고마움을 깨닫지 못하는 것도 불행한 일이다.
사람은 한 걸음 물러서서 자기를 돌아볼 줄 알아야 한다.
행복을 좇기만 한다면
도리어 불행을 불러온다는 것을 깨달아야 한다.

– 채근담

행복해지고 싶으면 남이 은혜 갚기를 기다리거나
남에게 은혜를 모르는 사람이라고 말하지 말고
남을 도와주는 즐거움만을 보람으로 삼아야 한다.

– 데일 카네기, 미국의 작가이자 강사

쓰기만 해도 행복해지는

감사일기

타커스

감사는 행복으로 통하는 마법의 문이다!

심리학자들은 사람들이 행복을 느끼는 정도는 처한 상황이 아니라, 그 상황을 바라보는 '관점'에 달려 있다고 말한다. 같은 상황에서 불평하는 사람이 있는가 하면 '오히려 잘됐다' 하며 감사해하는 사람도 있다.

이 두 사람이 느끼는 행복의 정도는 차이가 날 수밖에 없다. 어떤 일에서든 감사할 거리를 찾아내고 감사하는 마음을 갖는 사람은 행복으로 통하는 마법의 문을 알고 있는 것과 같다.

감사하는 것만으로도 몸과 마음이 건강해진다!

심리학자들은 여러 연구를 통해 현재 상황에 감사한 마음을 갖는 것만으로도 행복지수가 올라가고, 미래를 낙관하게 되고, 스트레스와 우울증이 사라지며, 업무능력도 좋아진다는 사실을 밝혀냈다. 그뿐만 아니라 감사의 마음을 가질 때 우리 몸에서는 강력한 항암효과를 내는 다이돌핀이 솟아나고, 잠들기 전에 감사일기를 쓰면 숙면할 수 있다는 연구 결과도 있다. 감사하는 것만으로도 우리의 몸과 마음은 한결 더 건강해진다.

감사일기를 쓰면 '당연한 일'이 '감사한 일'로 바뀐다!

감사를 생활화하려면 연습과 노력이 필요하다. 그중 가장 쉬운 방법이 바로 감사일기를 쓰는 것이다. 감사일기는 '당연한 일'을 '감사한 일'로 바꾸는 연습이다. 매일 반복되는 일상, 매일 마주치는 사람들, 나를 둘러싼 환경, 현재의 나 자신과 내가 가진 모든 것 하나하나에서 감사할 거리를 찾아내는 사람은 매 순간 행복을 느낄 수 있다.

감사일기를 쓰면 좋은 것에 집중하게 된다!

감사일기를 꾸준히 적다 보면 일상의 사소한 일들에 관심을 기울이게 되고, 그중에서 가장 좋은 일들에 집중하게 된다. 감사일기의 대상은 일상의 평범한 일에서부터 특별하고 놀라운 사건까지 모두 포함된다. 중요한 것은 내가 가진 모든 것에서 감사할 거리를 찾아내고, 그것에 집중하고, 진심으로 감사하는 마음을 갖는 것이다.

100일만 꾸준히 쓰면 감사 습관이 몸에 밴다!

감사를 생활화하기 위해서는 적어도 100일 동안 꾸준히 감사일기를 써야 한다. 감사가 몸에 배어 습관이 되려면 띄엄띄엄 감사일기를 쓰는 것보다는 지속해서 집중하는 습관을 만드는 것이 좋다. 이 책 〈쓰기만 해도 행복해지는 감사일기〉는 100일 동안 집중적으로 감사일기를 쓸 수 있도록 구성되어 있다. 100일간의 감사일기가 마중물이 되어 평생 행복의 선순환을 만들어줄 것이다.

과학으로 밝혀낸 감사의 효과

잠깐 멈춰 자신에게 주어진 감사한 것들을 생각해보는 순간, 당신의 감정 시스템은 두려움에서 탈출해 좋은 상태로 이동한다. 이는 마치 큰 성취를 이루었을 때 느끼는 것과 유사한 감정의 선순환을 만든다.

—마이클 맥클로우, 마이애미대학 교수

우리 몸에서 분비되는 엔도르핀은 암을 치료하고 통증을 해소하는 효과가 있다. 엔도르핀은 기쁘고 즐거울 때 솟아난다. 한편, 엔도르핀의 4,000배 효과가 있는 다이돌핀은 우리가 감사할 때, 감동할 때 솟아난다. 우리 몸에서 강력한 항암효과를 내는 다이돌핀이 솟아나길 원한다면 감사하며 살아야 한다.

—탈벤 샤하르, 하버드대학 교수

행복이라는 감정이 유전적인 영향을 받는 것을 부인할 수는 없다. 하지만 후천적인 노력으로도 얼마든지 계발할 수 있다. 행복을 계발할 수 있는 수많은 방법 중 하나가 바로 감사하는 것이다. 감사하는 마음을 가지면 행복해진다.

—마틴 셀리그만, 펜실베이니아대학 교수

행복도 습관이다. 자꾸 좋은 경험을 해서 행복 습관을 키우는 것이 중요하다. 이를 실생활에 적용하고 싶다면 감사일기를 써라.

—소냐 류보머스키, 캘리포니아주립대학 교수

감사하는 마음은 수면의 질을 개선한다. 숙면하고 싶으면 양(羊)을 세기보다는 자신이 받은 은혜의 수를 세는 것이 좋다. 또 우리의 실험에 따르면 감사를 습관화한 학생은 그렇지 않은 학생보다 연봉을 2만 5,000달러 더 받았고, 감사를 습관화한 사람은 그렇지 않은 사람보다 평균 수명이 9년이나 길었다.

—로버트 에먼스, 캘리포니아대학 교수

긍정심리학자들은 심신을 최적의 상태로 만들기 위해서는 '감사하는 마음'을 갖는 것이 긴장을 푸는 명상이나 기분 좋은 일을 생각하는 것보다 효과가 더 높다고 말한다.

—김주환, 연세대학 교수

감사일기 쓰는 법

1. 하루 동안 일어난 일들을 되돌아보며 감사한 일과 감사한 이유를 노트에 적는다.
2. 감사의 대상은 사소한 일상부터 특별한 사건까지 모두 포함된다.
3. 가능한 한 다양한 감사 거리를 찾아내 매일 새로운 내용을 적어보는 것이 좋다.
4. 때로는 특정 인물이나 대상에게 무엇이, 어떻게 고마운지 편지 형식으로 적을 수도 있다.
5. 감사일기를 쓴 뒤 마지막에 있는 〈My Dream〉에 지금 가장 소망하는 바를 간절한 마음을 담아 적는다.
6. 감사일기는 잠자리에 들기 전에 하루를 정리하며 쓰는 것이 가장 좋고, 감사한 일이 있을 때마다 혹은 다음 날 아침에 일어나 어제를 돌아보며 적어도 된다.
7. 감사일기는 단 한 줄이라도 매일 꾸준히 쓰는 것이 좋지만, 하루 이틀 빠뜨렸더라도 그날부터 다시 이어서 쓰면 된다.

1~10 day

그 사람이 얼마나 행복한가는
그 사람이 느끼는 감사의 깊이에 달려 있다.

-존 밀러, 작가

감사일기를 처음 쓸 때 도움이 되는 질문들

- 오늘 하루 나를 기분 좋게 만들어준 일은 무엇인가?
- 오늘 하루 가장 고마운 사람은 누구인가?

  (가족, 친구, 이웃, 직장동료, 거래처 직원, 취미활동이나 종교활동을 함께하는 사람, 일상생활을 가꾸어가는 데 도움을 준 여러 사람 등)

- 오늘 하루 일과 중에서 가장 보람을 느낀 일은 무엇인가?
- 지금 내가 가진 것 중에 가장 고마운 것은 무엇인가?

  (생활과 업무에 필요한 도구와 환경, 의식주를 도와주는 모든 수단 등)

- 오늘 하루 나의 건강에 대해 고마운 점은 무엇인가?
- 오늘 날씨와 자연환경에 대해 고마운 점은 무엇인가?
- 오늘 하루 스스로에게 고마운 점은 무엇인가?
- 오늘 일어난 힘든 일 중에서 '그래도 다행'이라고 생각한 일은 무엇인가?

1 day

년 월 일

• My Dream

2 day

년 월 일

• My Dream

3 day

년 월 일

• My Dream

4 day

년 월 일

• My Dream

5 day

년 월 일

• My Dream

년 월 일

• My Dream

7 day

년　　월　　일

• My Dream

8 day

년 월 일

• My Dream

9day

년 월 일

• My Dream

10 day

년　　　월　　　일

• My Dream

11~20 day

감사하는 마음의 밭에는
실망의 씨가 자랄 수 없다.

– 피터 쉐퍼, 극작가

감사의 마음을 갖기 위한 삶의 기본 태도

- 세상의 기준이 아니라 나만의 기준을 세운다.
- 다른 사람과 나를 비교하지 않는다.
- 있는 그대로의 내 모습을 사랑한다.
- 상대의 개성과 취향을 존중한다.
- 상대를 내 방식대로 바꾸려 하지 않는다.
- 어떤 일이나 상황을 쉽게 단정하지 않는다.
- 흑백논리에 빠지지 않는다.
- 도움을 주되 보답을 바라지 않는다.
- 결과보다 과정에 의미를 둔다.
- 현재 내가 가진 것에서 기쁨을 찾는다.
- 평범한 하루, 사소한 일상을 소중히 여긴다.
- 내가 할 수 없는 일이나 다가갈 수 없는 사람에 대한 집착을 버린다.
- 주위환경을 어지럽지 않게 잘 정리정돈한다.
- 몸과 마음의 건강을 잘 관리한다.

11 day

년 월 일

• My Dream

12 day

년 월 일

• My Dream

13 day

년 월 일

• My Dream

14 day

년 월 일

• My Dream

15 day

년 월 일

• My Dream

16 day

년 월 일

• My Dream

17day

년 월 일

• My Dream

18 day

년 월 일

• My Dream

19day

년 월 일

• My Dream

20 day

년 월 일

• My Dream

21~30 day

감사는 과거에 주어지는 덕행이 아니라,
미래를 살찌우는 덕행이다.

– 영국 속담

인간관계에서 감사의 마음 찾기

- 내가 이 세상에 태어날 수 있게 하고 키워주신 부모님께 감사한다.
- 나의 가장 가까운 인연인 연인과 배우자에게 감사한다.
- 내 소중한 자녀들에게 감사한다.
- 형제자매와 여러 가족 구성원들에게 감사한다.
- 내가 일할 수 있도록 도움을 주는 상사와 직장 선후배, 거래처 직원들에게 감사한다.
- 즐거운 일, 괴로운 일을 함께하며 마음을 나눌 수 있는 친구들에게 감사한다.
- 매일 마주치며 안부를 주고받는 이웃들에게 감사한다.
- 취미생활을 함께하는 사람들에게 감사한다.
- 종교생활을 함께하는 사람들에게 감사한다.
- 택배 기사, 대중교통 운전기사, 단골 가게 주인 등 일상을 영위하는 데 도움을 주는 여러 직업 종사자들에게 감사한다.

21 day

년 월 일

• My Dream

22 day

년 월 일

• My Dream

23 day

년 월 일

• My Dream

24day

년 월 일

• My Dream

25 day

년 월 일

• My Dream

26 day

년 월 일

• My Dream

27day

년 월 일

• My Dream

28 day

년 월 일

• My Dream

29day

년 월 일

• My Dream

30day

년 월 일

• My Dream

31~40 day

감사의 마음은 얼굴을 아름답게 만드는
훌륭한 끝마무리이다.

–T. 파커, 목사

일과 직업에서 감사의 마음 찾기

- 일을 함으로써 나와 가족들의 생활에 필요한 돈을 벌 수 있다는 사실에 감사한다.
- 매일매일 제 자리에서 자신의 몫을 다해주는 동료직원들에게 감사한다.
- 나를 이끌어주는 상사와 내 일을 도와주는 후배들에게 감사한다.
- 나와 좋은 파트너십을 유지하고 있는 거래처 직원에게 감사한다.
- 일과 직업을 통해 내 재능과 능력을 발휘할 수 있다는 사실에 감사한다.
- 불만을 쏟아내는 고객을 침착하게 응대한 나 자신에게 감사한다.
- 피곤한 중에도 집중해서 회의자료를 작성한 나 자신에게 감사한다.
- 나의 서비스가 만족스러웠다고 말해주는 고객에게 감사한다.

31 day

년 월 일

• My Dream

32day

년 월 일

• My Dream

33 day

년 월 일

• My Dream

34 day

년 월 일

• My Dream

35 day

년 월 일

• My Dream

36day

년 월 일

• My Dream

37day

년 월 일

• My Dream

38 day

년 월 일

• My Dream

39day

년 월 일

• My Dream

40day

년 월 일

• My Dream

41~50 day

감사하는 법을 배우는 것은
좋은 일에 집중하는 법을 배우는 것이다.

– 에이미 밴더빌트, 작가

나의 몸과 건강에서 감사의 마음 찾기

- 지금 이렇게 살아 숨 쉴 수 있다는 사실에 감사한다.
- 내 몸의 모든 작용, 호흡, 심장박동, 세포 하나하나의 활동에 감사한다.
- 아름답고 놀라운 것들을 볼 수 있도록 해주는 시각에 감사한다.
- 다양한 감촉을 느낄 수 있도록 해주는 촉각에 사랑한다.
- 원하는 곳으로 갈 수 있고, 원하는 일을 할 수 있도록 해주는 팔과 다리의 모든 작용에 감사한다.
- 모든 일을 해낼 수 있는 에너지에 감사한다.
- 음식의 맛을 느끼고 즐길 수 있도록 해주는 미각에 감사한다.
- 아름다운 음악, 모든 소리를 들을 수 있도록 해주는 청각에 감사한다.
- 내 몸에 문제가 있다는 사실을 증상으로 나타내주는 질병에 감사한다.
- 내 몸의 치유능력에 감사한다.

41 day

년 월 일

• My Dream

42day

년 월 일

• My Dream

43 day

년 월 일

• My Dream

44 day

년 월 일

• My Dream

45 day

년 월 일

• My Dream

46 day

년 월 일

• My Dream

47day

년 월 일

• My Dream

48 day

년 월 일

• My Dream

49day

년 월 일

• My Dream

50day

년 월 일

• My Dream

51~60 day

감사는 힘든 시기를 큰 상처 없이 잘 넘기게 해주고
삶을 풍성하게 만들어준다.

–널르 C. 넬슨, 작가

매일매일의 사소한 일상에서 감사의 마음 찾기

- 늦잠을 자지 않고 제 시간에 일어난 것에 감사한다.
- 출근길이 막히지 않아 회사에 제 시간에 도착할 수 있어서 감사한다.
- 앞서 들어간 사람이 문을 잡아준 것에 감사한다.
- 먼저 인사해주는 이웃에게 감사한다.
- 사무실을 깨끗이 청소해준 청소부께 감사한다.
- 유난히 화창한 하늘에 감사한다.
- 오늘따라 기분이 상쾌하고 생기 넘쳐 보이는 내 자신에게 감사한다.
- 동료들과 맛있고 든든한 점심을 먹은 것에 감사한다.
- 긴급히 처리해야 할 일들이 많이 있었지만 무사히 일과를 마친 것에 감사한다.
- 퇴근 후 편안한 기분으로 맥주를 마시며 하루의 피로를 풀 수 있어 감사한다.
- TV 예능프로그램을 즐겁게 볼 수 있어 감사한다.
- 오늘 본 영화가 감동적이어서 감사한다.

51 day

년 월 일

• My Dream

52 day

년 월 일

• My Dream

53 day

년 월 일

• My Dream

54 day

년 월 일

• My Dream

55 day

년 월 일

• My Dream

56 day

년 월 일

• My Dream

57day

년 월 일

• My Dream

58day

년 월 일

• My Dream

59 day

년 월 일

• My Dream

60day

년 월 일

• My Dream

61~70 day

불행할 때 감사하면 불행이 끝나고,
형통할 때 감사하면 형통이 연장된다.

– 찰스 스펄전, 목사

스스로에게 감사하게 되는 자기 긍정의 말들

- 나는 나 자신을 믿는다.
- 나는 날마다 발전하고 있다.
- 변화는 나로부터 시작된다.
- 나는 창의적인 생각을 갖고 있다.
- 나는 꿈을 위해 노력한다.
- 나는 일의 우선순위를 알고 있다.
- 나는 작은 성공에도 성취감을 느낀다.
- 나는 결단력이 있다.
- 나는 항상 배우고 성장한다.
- 내 인생은 조화롭다.
- 나는 쉬어야 할 때를 알고 있다.
- 나는 내게 필요한 말을 가려서 들을 줄 안다.
- 나는 감정을 자유롭게 표현한다.
- 나는 거절해야 할 때 거절할 줄 안다.
- 나는 누구의 눈치도 보지 않는다.
- 나는 쓸데없는 걱정은 하지 않는다.

61 day

년 월 일

• My Dream

62 day

년 월 일

• My Dream

63 day

년 월 일

• My Dream

64 day

년 월 일

• My Dream

65 day

년 월 일

• My Dream

66 day

년 월 일

• My Dream

67 day

년 월 일

• My Dream

68day

년 월 일

• My Dream

년 월 일

• My Dream

70day

년 월 일

• My Dream

71~80 day

감사하는 사람들은
인생의 힘들고 비통한 기억 속에서도
기뻐하는 법을 배운다.

– 헨리 나우웬, 신부

생각을 전환하는 데 도움이 되는 말들

- 단순하게 바라보자.
- 일단 해보자.
- 다른 방식으로 해보자.
- 오히려 잘됐다.
- 이 정도도 잘했다.
- 비우고 채우자.
- 삶의 흐름에 나를 맡기자.
- 때가 되면 이루어진다.
- 피할 수 없으면 즐기자.
- 나는 내 기분을 선택할 수 있다.
- 나는 행복할 운명이다.

71 day

년 월 일

• My Dream

72day

년 월 일

• My Dream

73 day

년 월 일

• My Dream

74 day

년 월 일

• My Dream

75 day

년 월 일

• My Dream

76 day

년 월 일

• My Dream

77 day

년 월 일

• My Dream

78day

년 월 일

• My Dream

79 day

년 월 일

• My Dream

80day

년 월 일

• My Dream

81~90 day

말로만 감사하는 것은 진정한 감사가 아니다.
진정한 감사는 마음으로 감사하고
행동으로 나타내는 것이다.

– 윌리엄 블레이크, 시인이자 화가

감사의 마음을 다시 일깨우는 데 도움이 되는 말들

- 고맙습니다. 감사합니다.
- 나를 믿어주는 가족이 있다.
- 나를 이해해주는 친구가 있다.
- 힘이 되어주는 좋은 파트너가 있다.
- 지금까지 잘해왔다.
- 의미 없는 시간은 없다.
- 더 나은 미래를 꿈꿀 수 있다.
- 오늘 하루에 충실하자.
- 내 인생에 더 집중하자.
- 내 인생은 소중하다.

81 day

년 월 일

• My Dream

82 day

년 월 일

• My Dream

83 day

년 월 일

• My Dream

84 day

년 월 일

• My Dream

85 day

년 월 일

• My Dream

86 day

년 월 일

• My Dream

87 day

년 월 일

• My Dream

88day

년 월 일

• My Dream

89day

년 월 일

• My Dream

90 day

년 월 일

• My Dream

91~100 day

세상에서 가장 지혜로운 사람은 배우는 사람이고,
세상에서 가장 행복한 사람은 감사하며 사는 사람이다.

– 탈무드

"만약 당신이 당신 앞에 나타나는 모든 것을 감사히 여긴다면 당신의 세계가 완전히 변할 것이다." – 오프라 윈프리

오프라 윈프리는 사생아로 태어나 삼촌에게 성폭행을 당하고 14세에 출산과 동시에 아이가 죽는 끔찍한 일을 겪었다. 그녀는 그 충격으로 마약에 빠져 지옥 같은 삶을 살았다. 하지만 이 모든 것을 극복하고 전 세계에서 가장 영향력 있는 토크쇼 진행자가 되었다. 그녀는 그 이유 중 하나로 감사일기를 꼽는다. 오프라 윈프리는 매일 잠자리에 들기 전에 하루 동안 있었던 일 중 고마운 것 다섯 가지를 적으며 삶에 대한 희망을 갖게 되었다고 한다. 또한 감사일기를 통해 자신의 인생에서 소중한 것이 무엇인지, 삶의 초점을 어디에 맞춰야 하는지 알게 되었다고 한다.

"감사편지를 쓰면서 나는 비로소 나만의 고통에서 벗어나 다른 사람들을 보게 되었다. 여전히 세상에는 감사해야 할 사람들이 많다." – 존 크랠릭, 미국 로스앤젤레스 대법원 판사

존 크랠릭은 변호사로 일하던 2007년 최악의 상황에 처해 있었다. 사무실은 망해가고 있었고, 결혼생활은 파경을 맞았으며, 자녀들과는 소원해졌고, 동료들과 갈등을 겪었다. 또한 파산 직전에 몰렸으며 외로움과 우울증으로 고통 받고 있었다. 그러던 중 우연히 감사편지를 쓰면서부터 인생이 바뀌기 시작했다. 그는 15개월간 400여 명에게 365통의 감사편지를 쓰면서 경제적, 심리적 어려움들을 모두 극복했고 그 기적 같은 경험을 써서 책으로 출간했다.

91 day

년 월 일

• My Dream

92 day

년 월 일

• My Dream

93 day

년 월 일

• My Dream

94 day

년 월 일

• My Dream

95day

년 월 일

• My Dream

96 day

년 월 일

• My Dream

97day

년 월 일

• My Dream

98day

년 월 일

• My Dream

년 월 일

• My Dream

100day

년 월 일

• My Dream

지은이 서윤진

책을 읽고, 만들고, 쓴다. 진정한 자신을 찾아가는 60가지 질문을 담은 책 『퀘스천 북』 변화, 성장, 치유의 말을 소개하는 『이제 나부터 돌보기로 해요』를 썼다.

쓰기만 해도 행복해지는

감사일기

초판 1쇄 발행 2020년 8월 27일
초판 3쇄 발행 2021년 10월 15일

지은이 서윤진

발행인 양수빈
펴낸곳 타커스
등록번호 제313-2008-63호
주소 서울시 종로구 대학로 14길 21 (혜화동) 민재빌딩 4층
전화 02-3142-2887 팩스 02-3142-4006
이메일 yhtak@clema.co.kr

ISBN 978-89-98658-68-7 (13320)

• 값은 뒤표지에 표기되어 있습니다.
• 제본이나 인쇄가 잘못된 책은 바꿔드립니다.

이 도서의 국립중앙도서관 출판예정도서목록(CIP)은 서지정보유통지원시스템 홈페이지(http://seoji.nl.go.kr)와 국가자료공동목록시스템(http://www.nl.go.kr/kolisnet)에서 이용하실 수 있습니다.(CIP 제어번호: CIP2020031535)